四季の食材で
スピードレシピ

簡単わっぱ弁当

料理◉宗田悦子　写真◉手塚優

エディットレシピ編　講談社

はじめに

　私のお弁当作りは、子どもが入園と同時に始まりました。まだキャラ弁などもない時代。小さなお弁当箱におもちゃを詰め込んだように工夫することが、楽しかった思い出です。

　暮らしの中のお弁当。冷凍食品はなるべく使わず、手作りのもので詰めたいものです。彩りを少し豊かにすることで、まずは視覚から美味しさをプラスし、蓋を開けた瞬間の笑みを思いながら詰めると楽しみにも繋がります。

　副菜などは、夕ごはんのおかずを日持ちするように多く作り、常備菜をアレンジしてお弁当のおかずにすれば美味しい味の変化が楽しめます。

　メインのおかずは、お弁当だけでなく夕ごはんにも役立つように工夫してみました。

　日本古来の「わっぱ」を使うと、木の温もりを感じ、お弁当に適した保湿と通気性を活かしながら、美味しそうに見えます。日々のお弁当作りが、皆様のお弁当作りに少しでもお役に立てましたら幸せです。

　　　　　　　　　　　　　　　　　　　　　　宗田悦子

目次

春
spring

夏
summer

各ページのQRコードをスマートフォンのカメラや
QRコードリーダーで読み込んでアクセスすることで、
そのページのお弁当の作り方をinstagram動画で見ることができます。
※ QRコードはデンソーウェーブの登録商標です。

秋
autumn

冬
winter

※1カップは200㎖、大さじ1は15㎖、
小さじ1は5㎖のものを使用しています。

※電子レンジは600Wの場合を基準にしています。

※油は指定されていない場合は
グレープシードオイルを使用しています。

春

春は、お弁当の
スタートの季節。
春色を意識すると
自然と彩りがよくなり
栄養のバランスも
とれます。

鮭の磯辺焼き風弁当
Isobe-yaki Salmon Bento

[鮭の磯辺焼き]
◉ 材料 (作りやすい分量)
鮭…1切れ
みりん…小さじ1
醤油…小さじ1
ちぎり海苔…適量
片栗粉…適量
サラダ油…適量

● 作り方
①鮭にみりん、醤油をなじませ30分漬け込み海苔をまぶす。
②①に片栗粉をふり、全体に薄くまぶす。
③フライパンに油を熱し、②を入れて軽く焦げ目がつくまで焼く。

[椎茸チーズ焼き]
◉ 材料 (作りやすい分量)
椎茸…2個
とろけるチーズ…2枚
サラダ油…適量

● 作り方
①椎茸は軸を取り、さっと汚れを取る。
②フライパンに油を熱し、①を両面焼く。
③チーズは細かくちぎる。
④②の椎茸の裏面に③をのせ、バーナーで焼き目をつける。

[削りかまぼこにぎり]
◉ 材料 (3個分)
ご飯…300g
削りかまぼこ…適量

● 作り方
ご飯を丸くにぎり、削りかまぼこをまぶす。

◎ 付け合わせ
大学かぼちゃ、パセリのみじん切り、ラディッシュ、型抜き梅シート

◎ 詰め方
丸く握ったおにぎりに、削りかまぼこをつける。弁当箱に笹を敷き、おにぎりをのせる。大葉を仕切りに使いながら食材を詰める。型抜きした梅シートと飾り切りのラディッシュを添える。

削りかまぼこ

かまぼこを乾燥させて薄く削ったもの。色合いも白とピンクというかわいらしさ。乾燥しているので歯ごたえもありながら、しっかりかまぼこの味が楽しめる。見た目の華やかさを生かし、おつまみやお吸い物、和え物、おひたし、おにぎりなど、幅広く使えるのもポイント。

鶏ハム弁当

Chicken "Ham" Bento

● 材料 (作りやすい分量)
鶏むね肉…1枚
醤油…150ml
水…100ml
みりん…100ml
にんにく…1かけ
砂糖…大さじ3
酢…大さじ1/2
長ねぎの青い部分…1本分
かまぼこ(赤)…1本

● 作り方
①かまぼこは赤い部分と白い部分に分け、型で抜く。
②鶏肉とねぎ、調味料すべてを水とともに鍋に入れて加熱し、煮立ったら弱火で2分加熱する。
③鶏肉を裏返してさらに2分加熱し、火を止め、蓋をして冷めるまでおく。
④冷めたら肉を取り出し、そぎ切りにする。

◎ 付け合わせ
わさび菜、卵焼き、レンコンの白だし煮、紫キャベツラペ、さつまいもの甘煮、黒豆、木の芽、ラディッシュ、白胡麻、塩茹でロマネスコ

◎ 詰め方
ごはんを詰め、わさび菜で仕切り食材を詰める。小さな器を使い、中に食材を詰めたらチャービルをのせる。ごはんの上に型抜きかまぼこ、ラディッシュで飾る。

かまぼこは赤い部分と白い部分を分けて使うことで、より華やかなお弁当に。

天むす風弁当
Tempura Rice Balls Bento

[天むす]
● 材料 (作りやすい分量)
材料 A
┌ 海老 (大)…8尾
│ すりおろしにんにく…小さじ1
│ すりおろし生姜…小さじ1
│ 酒…大さじ1
│ 醤油…小さじ1
└ みりん…小さじ1
薄力粉…大さじ1
ご飯…2杯分
海苔…10cm角3枚

● 作り方
①ボウルにAを入れて混ぜ合わせ、海老に下味をつける。薄力粉を加えてさらに混ぜ合わせる。
②フライパンにサラダ油 (分量外) を熱し、①を焼く。
③ラップにご飯を広げ、②を入れ、尾は外に出して丸く形を整える。
④海苔を4等分に切り、③をのせる。

[じゃがいもとアンチョビソテー]
● 材料 (作りやすい分量)
ジャガイモ…1個
キャベツ…1枚
桜海老…大さじ1
醤油…小さじ1
すりおろしにんにく…小さじ1
アンチョビペースト…少々
バター…8g

● 作り方
①じゃがいもは1cm角、キャベツは2cm角に切る。
②フライパンにサラダ油 (分量外) を熱し、①を炒める。
③桜海老と醤油、にんにく、アンチョビペーストを加えて炒める。
④最後にバターを加えて炒める。

◎ 付け合わせ
卵焼き、かまぼこ、
ラディッシュ、塩茹でロマネスコ、
マイクロトマト、人参のだし煮

◎ 詰め方
笹を敷き天むすを斜めに詰める。大葉で仕切りながら食材を詰め、かまぼこ、ラディッシュ、人参などの飾り切り、マイクロトマトで彩る。

スイスチャードにぎり弁当

Swiss Chard Rice Balls Bento

［スイスチャードにぎり］
◉ 材料（3個分）
スイスチャード…3枚
ご飯…1.5杯分
胡麻油…大さじ1/2
醤油…小さじ2
しらす…大さじ2

● 作り方
①鍋にお湯（分量外）を沸かし、スイスチャードを茹で、しんなりしたら氷水に浸ける。
②ご飯に胡麻油と醤油、しらすを加え、しゃもじで切るように混ぜる。
③①で②を包み、丸く握る。

［ミートボール］
◉ 材料（作りやすい分量）
豚こま切れ肉…100g
塩…小さじ1
赤じそ粉末…小さじ1
大葉…2枚
片栗粉…大さじ1/2
サラダ油…適量

● 作り方
①豚肉に塩、赤じそ粉末、みじん切りにした大葉を加え混ぜ合わせる。
②①に片栗粉を加えて混ぜ合わせ、一口大に丸める。
③フライパンに油を熱し、②を焼く。途中で蓋をし、蒸し焼きにする。

◎ 付け合わせ
卵焼き、カイワレ入りちくわ、
人参のきんぴら、りんご、かまぼこ、
プチトマト3色、ブロッコリー、
人参のだし煮、ぶぶあられ

◎ 詰め方
スイスチャードにぎりを詰め、フリルレタスで仕切って食材を詰める。隙間にブロッコリーをつめ、人参の飾り切りにぶぶあられをのせる。

鶏の照り焼き弁当

Teriyaki Chicken Bento

● 材料 (作りやすい分量)

鶏もも肉…1枚
塩麹…大さじ1/2
酒…大さじ1/2
醤油…大さじ1
サラダ油…大さじ1

● 作り方

①鶏肉を一口大に切り、ボウルに入れる。
②①に塩麹、酒、醤油を加えてよく揉み込む。
③フライパンにサラダ油を熱し、②を皮目から焼く。裏返し、両面ともカリッとするまで焼く。

◎ 付け合わせ

かまぼこ(赤)
※花型で抜き、5mmくらいの厚さにカットし、さらに花びら部分を丸くくり抜く。

揚げ花「開花宣言」
※160℃に熱したサラダ油で1分揚げる。

卵焼き、なるとの甘辛煮、しらす、
スプラウト、マイクロトマト、
金胡麻、糸唐辛子

◎ 詰め方

ご飯を全体に1/3程度詰め、その上にフリルレタスで仕切りながら食材を詰める。開花宣言(揚げ花)青紅葉などで華やかにする。

揚げ花「開花宣言」

葛素麺を独自の方法で加工したもので、素揚げするとまるで花が咲いたようになる。華やかで料理のあしらいとして最適。

ホタテのベーコン巻き弁当

Bacon-Wrapped Scallops Bento

◉ 材料 (作りやすい分量)

ホタテ貝柱…4個
ベーコン…2枚
胡椒…適量
小麦粉…適量
バター…10g
醤油…小さじ1
ウスターソース…小さじ1
レモン汁…小さじ1
ケチャップ…大さじ1

● 作り方

①ベーコンを縦半分に切り、ホタテに巻いて楊枝でとめる。
②両面に胡椒をふり小麦粉をまぶす。
③フライパンにバターを熱し②を焼き、醤油、ウスターソース、レモン汁、ケチャップで味付けする。

◎ 付け合わせ

大葉、卵焼き、
ピーマンとじゃこの炒め、たくあん、
ラディッシュ、人参のだし煮

◎ 詰め方

丸く握ったおにぎりの上に、薄くスライスしたラディッシュで飾る。笹で仕切り、大葉を食材の間に挟みながら詰める。刻んだたくあんをラディッシュにのせ、人参の飾り切りを添える。

ベーコンを縦半分に切り、ホタテに巻いて楊枝でとめ、食べやすい大きさに。

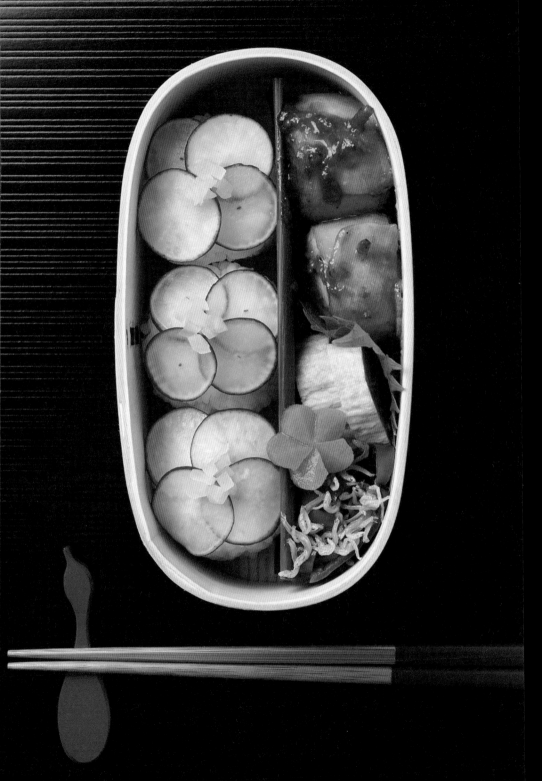

レンチン煮豚弁当

Microwave Braised Pork Bento

● 材料 (作りやすい分量)
豚ロース薄切り…4枚
塩・胡椒…各少々
材料A
- 砂糖…小さじ1
  酒…小さじ1
  醤油…大さじ1
  みりん…小さじ1/2
  すりおろし生姜…小さじ1
- すりおろしにんにく…小さじ1/2

● 作り方
①耐熱皿に豚肉を入れ、塩・胡椒とA
を入れ、揉み込む。
②肉を重ならないように広げてラップ
し、600Wの電子レンジで2分加熱する。
③肉を裏返して2分30秒加熱する。

◎ 付け合わせ
青梗菜の白だし漬け、味卵、
白髪ねぎ、糸唐辛子

◎ 詰め方
ご飯を全体に1/3程度詰め、丸い弁当
箱を活かして食材を詰める。糸唐辛子で
アクセントをだす。

めんつゆ味卵
茹で卵を一晩めんつゆ (2倍濃縮)
に漬ける。作り方は P.46 参照。

太巻き行楽弁当

Fat Sushi Roll Picnic Bento

[太巻き]
● 材料 (1本分)
ご飯…適量
粉末すし酢…適量
海苔…全型1枚
きゅうり(四つ割り)…1/4本
マグロ赤身…適量
とびこ…適量
桜でんぶ…適量

● 作り方
①ご飯に粉末すし酢を混ぜる。
②海苔に①を広げ、きゅうり、マグロ、とびこ、桜でんぶをのせて巻く。
③食べやすい大きさに切る。

[おいなりさん]
● 材料 (4個分)
ご飯…適量
味付き油揚げ…1/2枚×4
きゅうり…適量
炒り卵…適量
桜でんぶ…適量

● 作り方
①油揚げを開いてご飯を詰める。
②炒り卵、桜でんぶ、きゅうりをのせる。

[はちみつマスタードチキン]
● 材料 (作りやすい分量)
鶏もも肉…1枚
塩・胡椒…各適量
醤油…小さじ1
はちみつ…大さじ1
マスタード…大さじ1
小麦粉…大さじ2

● 作り方
①鶏もも肉を一口大に切り、塩・胡椒、醤油、はちみつ、マスタードと和える。
②小麦粉をまぶし、油(分量外)をひいたフライパンで焼く。

◎ 付け合わせ
大葉、レタス、卵焼き、マカロニサラダ、みかん

◎ 詰め方
太巻きを詰め、大葉で仕切り、いなり寿司を並べ、サラダ菜と大葉を使って食材を詰める。笹の葉で飾る。

さつま揚げ弁当

Satsuma-age Bento

● 材料 (6~8個分)
鱈(鰆でもよい)…1切れ
卵白…1個分
オリーブオイル…大さじ1
胡麻油…小さじ1/2
紅生姜…大さじ2
材料A
 ┌ 魚醤…大さじ1/2
 │ レモン汁…小さじ1
 │ 白味噌…小さじ1
 └ すりおろしにんにく…小さじ1

● 作り方
①魚はフードプロセッサーにかけて
ペースト状にする。
②①をボウルに入れ、Aの調味料を加
えて混ぜる。
③卵白を加えてさらに混ぜ、オリーブ
オイルと胡麻油を加え混ぜる。
④紅生姜を混ぜたら、6〜8個に丸め、
180℃の油(分量外)で揚げる。

◎ 付け合わせ
パプリカの醤油炒め、
ちくわのきゅうり詰め、卵焼き、
削り節、しらす、ラディッシュ、
人参のだし煮、紅大根の甘酢漬け

◎ 詰め方
弁当箱の1/3にご飯を詰め、真ん中に
大葉を仕切りにし手前に食材を詰める。
空いているご飯の上に鰹節、しらすをの
せる。飾り切りラディッシュと紅大根の
甘酢漬けの型抜きを添える。

フードプロセッサーで白身魚を滑
らかにすることで、ふわっとした
食感に仕上がる。

おにぎり弁当

Rice Balls Bento

● 作り方

おにぎりを小さめの丸形にむすび、周りに海苔を巻く。

トッピング

①コーンのマヨネーズ和え

②しらすとしば漬けのマヨネーズ和え

③鮭フレーク + 木の芽

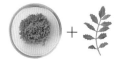

④唐揚げのマヨネーズ和え

⑤ベーコン + 茹でアスパラガス

⑥卵焼き + 桜塩漬け

⑦梅干し

⑧生ハム + ライム

⑨ミートボール + クリームチーズ

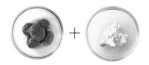

⑩たくあん + しば漬け

⑪梅漬け + 佃煮海苔

⑫胡麻 + きゅうり

豚と海苔のくるくる揚げ弁当

Fried Pork & Nori Rolls Bento

◉ 材料 (2本分)
豚ロース薄切り…8枚
海苔…全型1枚
塩・胡椒…各適量
小麦粉…適量
溶き卵…1個分
パン粉…適量

● 作り方
①豚肉を4枚並べ、半分に切った海苔
をのせて巻く。
②塩・胡椒し、小麦粉、溶き卵、パン
粉の順につけ、油（分量外）で揚げる。

◎ 付け合わせ
卵焼き、もやし炒め、
さつまいもの粒マスタードソース和え、
人参のだし煮

◎ 詰め方
しば漬けを和えたご飯を詰め、フリルレ
タスと大葉を使って仕切り、食材を詰め
る。飾り切り人参を添える。

豚肉を少し重ねると巻きやすく、
揚げたものも美しくできあがる。

薄焼き卵にぎり弁当

Omelet-Wrapped Rice Balls Bento

［薄焼き卵にぎり］
◉ 材料 (作りやすい分量)
人参…1/3 本
油揚げ…1/2 枚
だしの素…小さじ 1/2
醤油…大さじ 1/2
酒…大さじ 1/2
ご飯…2 杯分
白胡麻…適量
薄焼き卵…適量

● 作り方
①人参と油揚げは小さめの短冊切りにする。
②フライパンに油（分量外）をひき、①を炒め、だしの素、醤油、酒を加えてさらに炒める。
③ボウルにご飯を入れ、白胡麻と②を加え混ぜ合わせ、おにぎりを作り薄焼き卵で巻く。

［ささ身の梅しそ巻き］
◉ 材料 (作りやすい分量)
梅干し…1 個
鶏ささ身…3 本

● 作り方
①梅干しは種を取り除き、細かくたたく。
②ささみを平らに伸ばし、大葉と①をのせて巻き、油（分量外）をひいたフライパンで焼き、一口大に切る。

◎ 付け合わせ
スプラウト、きゅうり、
厚揚げの甘辛煮、紫キャベツラペ、
塩茹でブロッコリー、ラディッシュ、
木の芽、桜塩漬け、人参のだし煮、
ぶぶあられ

◎ 詰め方
薄焼き卵にぎりを詰め、大葉で仕切り、食材を詰める。隙間にはブロッコリーを詰める。薄焼き卵の上に山椒の葉、戻した桜の塩漬けをのせ、人参の飾り切りにぶぶあられをのせる。

おにぎり3種の生姜焼き弁当

3 Kinds of Rice Balls & Ginger Pork Bento

［おにぎり3種］

◉ 材料（3個分）

ご飯…400g

海苔…適量

焼き鮭、梅干し、明太子…各適量

● 作り方

①おにぎりの型にご飯を詰め、取り出す。

②①の側面に海苔を巻く。

③②の中央に鮭、梅干し、明太子をそれぞれのせる。

［だし巻き卵焼き］

◉ 材料（作りやすい分量）

卵…2個

酒…小さじ1

だしの素…小さじ1

水…小さじ2

● 作り方

①ボウルに卵を割り入れ、酒、だしの素、水を加えて溶く。

②サラダ油（分量外）をなじませた卵焼き器に①の1/3目安を入れて広げ、半熟になったら向こう側から手前に向かって巻き、卵焼き器にサラダ油（分量外）をなじませ、巻いた卵を向こう側にずらす。

③卵焼き器に再度サラダ油（分量外）をなじませ、卵液を流し入れ、巻いた卵を持ち上げて卵液を流し、手前に巻き込む。

④同様に繰り返し焼き、焼き上がったら巻きすで巻き、形を整えて輪ゴムで固定する。

⑤粗熱が取れたら2cm幅に切る。

◎ 付け合わせ

オクラ入りちくわ、

塩茹でブロッコリー、豚の生姜焼き、

高野豆腐のだし煮、黒ごま、プチトマト、

ラディッシュ、人参のだし煮

◎ 詰め方

弁当箱に笹を敷き、おにぎりを詰める。仕切りに大葉を使い食材を詰める。おにぎりの上に具材をのせる。南天の葉であしらい、卵焼きにピックを刺す。人参の飾り切りにぶぶあられをのせる。

もやしハンバーグ弁当

Bean Sprouts Hamburg Steak Bento

● 材料 (作りやすい分量)
合いびき肉 (牛・豚)…200g
もやし…1/2 袋
豆腐…1/4 丁
溶き卵…1/2 個分
すりおろし生姜…小さじ 1
醤油…小さじ 1
大根おろし…適量
柚子胡椒…小さじ 1
ポン酢…大さじ 1

● 作り方
①もやしは粗みじん切りにする。
②ボウルにひき肉を入れ、豆腐、溶き卵、
生姜、醤油を加えて混ぜ、成形する。
③フライパンに油 (分量外) を熱し、②
を焼く。
④柚子胡椒とポン酢を混ぜる。
⑤③を器に盛り、大根おろしをのせ、④
をかける。

◎ 付け合わせ
錦糸卵、サニーレタス、
ミニトマト、塩茹でブロッコリー、
人参のきんぴら、味卵

◎ 詰め方
ご飯を弁当箱の半分に 1/3 程度詰め、
上に錦糸卵を散らす。サニーレタスで仕
切り食材を詰める。錦糸卵の上にハン
バーグをのせる。大根おろしと柚子胡椒
ポン酢は別容器で持参し、食べるときに
合わせる。

柚子胡椒ポン酢は、焼き魚や豚
肉のソテーにもおすすめ。辛さは
お好みで調整できる。

海老蒸し餃子弁当

Steamed Shrimp Gyoza Bento

［海老蒸し餃子］

◉ 材料 (7個分)

海老 (小)…10尾
鶏ひき肉…50g
溶き卵…1/2個分
餃子の皮…7枚
塩・胡椒…各適量

● 作り方
①海老を細かく切ってボウルに入れ、鶏肉、溶き卵、塩、胡椒を加えて混ぜ合わせる。
②餃子の皮で①を包む。
③フライパンに水 (分量外) を入れて沸かし、②を蒸す。

［胡麻きゅうり］

◉ 材料 (作りやすい分量)

きゅうり…1本
胡麻油…小さじ1
白すり胡麻…大さじ1
鶏がらスープの素…大さじ1
白胡麻…小さじ1

● 作り方
①きゅうりは板ずりし、斜めに細かく切り込みを入れた後、一口大に切る。
②①をボウルに入れ、胡麻油、鶏がらスープの素、すり胡麻と胡麻を加えて和える。

◎ 付け合わせ
糸唐辛子

◎ 詰め方
ご飯を全体に1/3程度詰め、その上に大葉で仕切りながら食材を詰める。糸唐辛子で飾る。

餃子を丸めて一口サイズに、盛りつけも華やかに。

ラディッシュの飾り切り

Make Decorative Radishes

ラディッシュに切り込みを入れて、かわいい飾りを作ります。
お弁当やハレの日のお料理を華やかに彩ります。

ここがポイント！

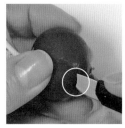

型でつけた切り込みに沿ってカッターを入れる。角度をつけてカッターを入れることで立体感が増す。

切り込みは思い切って深めに入れる。赤と白のコントラストで、仕上がりが美しく見える。

切り込みを入れ、折れないように注意しながら引き出す。デコレーションカッターでやると簡単にできる。

夏

夏は、抗菌や
防腐効果のある笹や大葉、
梅干しなどを使ったり、
食欲が落ちている時などは、
喉越しのいい麺類などで
お弁当にもひと工夫。

アボカドグリーンパスタ弁当

Spaghetti with Avocado & Green Vegetables

● 材料 (1人分)
パスタ…80g
アボカド…1/2個
オクラ…2本
アスパラガス…3本
絹さや…適量
きゅうり…適量
カイワレ大根…適量
イチジク…1個
オリーブオイル…大さじ1
すりおろしにんにく…適量
鷹の爪…1本
塩・胡椒…各適量

● 作り方
①アスパラガスは3等分に切り、オクラ
は半分に斜め切りし、アボカドは薄切り
にする。きゅうりは縦に薄く切って湯通
しする。イチジクは4等分に切る。
②鍋に湯を沸かし、塩(分量外)を加え
てパスタを茹でる。
③茹で時間が残り1分になったら、アス
パラガス、オクラ、絹さやを加えて茹でる。
④フライパンにオリーブオイルを熱し、
にんにくと鷹の爪を入れ、香りを出す。

⑤④にパスタと茹で汁を加え、塩・胡椒
で味を調える。
⑥器に粗熱がとれたパスタを入れ、アボ
カド、きゅうり、アスパラガス、オクラ、
カイワレ大根、絹さや、イチジクをトッ
ピングする。

◎ 詰め方
パスタを敷き詰め、その上に弁当箱の形
を活かしながら食材を詰める。

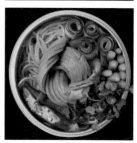

きゅうりやアスパラガスなど、軸
になるものから入れていくと詰め
やすい。

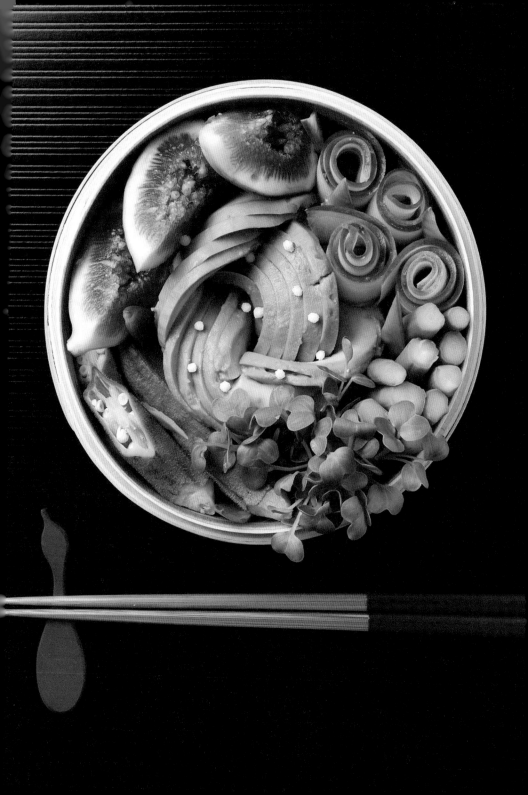

蕎麦入り稲荷寿司弁当

Soba-filled Inari-zushi Bento

● 材料 (2人分)
蕎麦…100g
油揚げ…3枚
砂糖…大さじ3
酒…大さじ1
醬油…大さじ2
だしの素…大さじ1
水…適量
めんつゆ…大さじ1
万能ねぎ…適宜

● 作り方
①油揚げは麺棒を押しつけて転がし、半分に切って袋状にして茹でる。
②①を熱したフライパンに入れ、砂糖、酒、醬油、だしの素、水を加えひと煮立ちさせ、取り出す。
③蕎麦を茹でる。
④茹で上がったらめんつゆと和える。
⑤④を②に詰める。

◎ 付け合わせ
わさび菜、かぼちゃコロッケ、
オクラの塩茹で、
人参と干しぶどうのラペ、
塩茹でロマネスコ、人参のだし煮、
黄色人参のだし煮、
ブロッコリーのだし煮、ぶぶあられ、
ウスターソース、白胡麻

◎ 詰め方
蕎麦入り稲荷寿司を詰め、フリルレタスで仕切り、食材を詰める。人参の飾り切りにぶぶあられ、コロッケにソースと白胡麻をのせる。

めんつゆと蕎麦を和えて油揚げに詰めることで味が逃げない。

イカのゆかりあん弁当

Squid with Yukari Sauce Bento

● 材料 (作りやすい分量)
イカ…1杯
ブロッコリー…1/2個
塩・胡椒…各少々
鶏がらスープの素…小さじ1/2
水…大さじ2
砂糖…小さじ1
醤油…小さじ1
赤じそ粉末…小さじ1
水溶き片栗粉…適量

● 作り方
①イカは斜め格子に浅く切り込みを入れ、2cm角に切る。ブロッコリーは小房に切る。
②フライパンに油(分量外)を熱し、①を入れる。
③②に塩・胡椒、鶏がらスープの素、水、砂糖、醤油、赤じそ粉末を加え炒める。
④水溶き片栗粉を加え、とろみをつける。

◎ 付け合わせ
鮭フレーク、炒り卵、わさび菜、
高野豆腐と人参のだし煮、茹でレンコン、
木の芽、飾りきゅうり

◎ 詰め方
弁当箱の2/3にご飯を1/3程度詰め、鮭フレークと炒り卵をのせる。フリルレタスで仕切り、食材を詰める。レンコンの飾り切りをのせ、山椒の葉を飾る。きゅうりの飾り切りを添える。

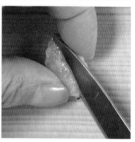

きゅうりを葉型で抜き、葉脈の切り込みを入れる。ペティナイフやデコレーションカッターを使うと便利。

ジャージャー麺弁当

Zha Jiang Mian Bento

[ジャージャー麺]

◉ 材料 (1人分)

中華麺…1玉
にんにく…1/2かけ
長ねぎ…1/4本
きゅうり…1/2本
豚ひき肉…100g
鶏がらスープの素…小さじ1/2
砂糖…大さじ1/2
醤油…大さじ1/2
酒…大さじ2
甜麺醤…大さじ2
豆板醤…小さじ1/2
水…80ml
水溶き片栗粉…適量
めんつゆ味卵…1/2個
糸唐辛子…適量

● 作り方
①中華麺は茹でて水けをきる。
②にんにくと長ねぎはみじん切りに、きゅうりは線切りにする。
③フライパンに油(分量外)を熱し、にんにくと長ねぎを入れて炒め、豚肉を加える。
④火が通ったら鶏がらスープの素、砂糖、醤油、酒、甜麺醤、豆板醤、水を加え、沸騰したら水溶き片栗粉を加えてとろみをつける。
⑤中華麺の上にきゅうりと味卵と④をのせ、糸唐辛子を添える。

[めんつゆ味卵]

◉ 材料
茹で卵…3個
めんつゆ(2倍濃縮)…100ml

● 作り方
茹で卵の殻をむき、めんつゆに漬ける。一晩漬けるとお弁当向きのしっかりした味になる。

◎ 詰め方
中華麺を敷き詰め、その上に食材をのせて、糸唐辛子で飾る。

レンジで海老アスパラ弁当

Microwave Shrimp & Asparagus Bento

● 材料 (作りやすい分量)
海老…8尾
アスパラガス…4本
長ねぎ…1/2本
片栗粉…小さじ1
胡麻油…小さじ1/2
すりおろし生姜…小さじ1
鶏がらスープの素…小さじ1/2
酒…小さじ1
醤油…小さじ1
豆板醤…小さじ1/2
水…大さじ3

● 作り方
①海老は下処理してボウルに入れる。
②アスパラガスと長ねぎは斜め切りにし、①に加え、片栗粉、胡麻油、生姜を加えて揉み込む。
③鶏がらスープの素、酒、醤油、豆板醤と水を加えて混ぜ、ラップをかけて600Wの電子レンジで3分加熱する。
④電子レンジから取り出したらよく混ぜる。

◎ 付け合わせ
茹で卵、黒胡麻、白菜のだし煮、
菜の花のおひたしおかかのせ

◎ 詰め方
弁当箱の2/3にご飯を1/3程度詰め、その上に海老アスパラをのせる。仕切りに大葉を使い食材を詰める。茹で卵の上に黒胡麻をのせる。

海老は下処理をする際に背に切り込みを入れておくことで、火を通すと見た目も美しくなる。

そぼろアボカド丼

Beef Soboro & Avocado Bowl

● 材料 (2人分)
ご飯…300g
牛ひき肉…200g
砂糖…大さじ1
酒…大さじ1
醤油…大さじ1
レタス…2枚
アボカド…1個
温泉卵…2個
万能ねぎ…適量
糸唐辛子…適宜
コチュジャン…適宜

● 作り方
①フライパンで牛肉を炒め、砂糖、酒、醤油を加え水分が飛ぶまで炒める。
②レタスは千切りに、アボカドは薄切りにする。
③器にご飯を盛り、②をのせ、レタスの上に①をのせる。
④温泉卵をのせて小口切りにした万能ねぎを散らし、お好みで糸唐辛子やコチュジャンをトッピングする。

◎ 詰め方
ご飯を全体に1/3程度詰め、その上に食材をのせていく。温泉卵の上に糸唐辛子をのせる。

大きな食材（アボカド）から入れるとバランスよく詰めやすい。

青梗菜とイカのピリ辛炒め弁当

Spicy Stir-Fried Bok Choy & Squid Bento

［青梗菜とイカのピリ辛炒め］
◉ 材料 (作りやすい分量)
豆板醤…小さじ1/4
甜麺醤…小さじ1
イカ…150g
青梗菜…1株
鶏がらスープの素…小さじ1
水…50ml
醤油…小さじ2

● 作り方
①イカは一口大に切り、青梗菜はざく切りにする。
②フライパンに油(分量外)をひき、豆板醤と甜麺醤を入れ、①を炒める。
③鶏がらスープの素と水を加え、火が通ったら醤油を加える。

［トマトの卵炒め］
◉ 材料 (作りやすい分量)
卵…1個
塩・胡椒…各適量
マヨネーズ…小さじ1
トマト…1個

● 作り方
①ボウルに卵を割り入れ、塩・胡椒、マヨネーズを加えてよく混ぜる。
②フライパンで角切りにしたトマトを炒め、①を加えて半熟になるまで炒める。

◎ 付け合わせ
きゅうりの酢の物、紅生姜、
人参のだし煮、ぶぶあられ、鷹の爪

◎ 詰め方
ご飯を全体に1/3程度詰め、大葉で仕切りながら食材を詰める。

ひつまぶし

Hitsumabushi

● 材料 (作りやすい分量)

鰻の蒲焼き…1尾分

錦糸卵…適量

醤油…大さじ2

砂糖…大さじ1と1/2

みりん…大さじ2

酒…小さじ2

水…500ml

昆布…10cm

かつお節…100g

薄口醤油…小さじ1

塩…少々

ご飯…4〜5杯分

粉山椒…適量

木の芽…適量

● 作り方

①鍋に水と昆布を入れ、ひと煮立ちしたら昆布を取り出し、かつお節を入れ弱火で5分煮る。

②①を漉して、薄口醤油と塩で味付ける。食べる直前に熱く沸かし、急須に入れる。

③鍋に砂糖、みりん、酒、醤油を入れてひと煮立ちさせる。

④鰻を水で洗い、アルミホイルを敷いたフライパンに入れ、酒(分量外)をふって焼く。

⑤④に③をふりかける。

◎ 詰め方

お櫃にご飯を入れて③の残りをかけ、錦糸卵、⑤、山椒、木の芽をのせる。器に盛り、②をかけていただく。

スーパーで購入した鰻は、塗られているたれを水で落とし、焼くことでふんわりと美味しくなる。

鶏肉ポン酢焼き弁当

Pan-Seared Ponzu Chicken Bento

● 材料（作りやすい分量）
鶏もも肉…1枚
酒…大さじ1
すりおろしにんにく…小さじ1
ポン酢醤油…大さじ1と1/2
長ねぎ…適量

● 作り方
①鶏肉の余分な脂や筋を取る。
②フライパンに油（分量外）をひき、①
の皮目から入れ、重しをのせ中火で5分
ほど焼く。
③②を裏返し、火が通ったら酒とにんに
く、ポン酢醤油を入れる。
④焼き上がったら食べやすい大きさに切
り、長ねぎを小口切りにしてのせる。

◎ 付け合わせ
茄子のピリ辛酢醤油焼き、
しめじの中華風醤油炒め、
アスパラガスの醤油ピンクペッパー炒め、
パプリカのレンチン白だし

◎ 詰め方
ご飯を弁当箱の縦半分に1/3程度詰め、
フリルレタス、鶏肉を上にのせる。食材
を大葉を使って詰めていき、鶏肉に大葉
の線切りを散らす。穂じそをあしらう。

皮目を下にして重しをのせ、フラ
イパンに密着させて焼くことで皮
は黄金色でパリッパリに。

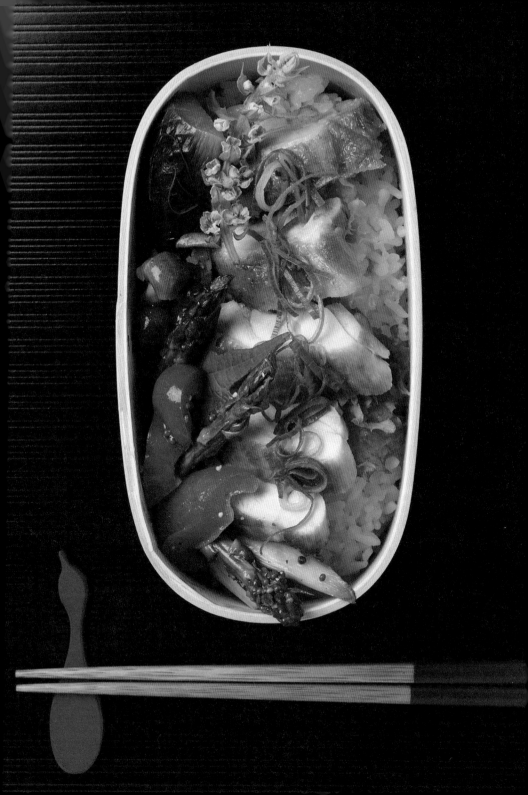

肉巻きおにぎり弁当

Beef-Wrapped Rice Balls Bento

● 材料 (作りやすい分量)
ご飯…1.5杯分
薄切り牛肉…12〜15枚
サラダ油…適量
焼き肉のたれ…大さじ2

● 作り方
①ご飯を俵にぎりにし、牛肉で巻き、形を整える。
②フライパンに油を熱し、①を焼く。
③全体が焼けたら、焼き肉のたれを回しかけ、よくからめる。

◎ 付け合わせ
きのこの中華風醤油炒め、
バター人参、卵焼き、かぼちゃの甘煮、
三つ編みかまぼこ、ラディッシュ、
ブロッコリー、白胡麻、レモンスライス

◎ 詰め方
弁当箱にリーフレタスを敷き、肉巻きおにぎりをのせる。食材を詰め、白胡麻、レモンで飾る。

三つ編みかまぼこ

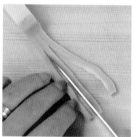

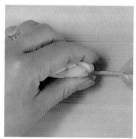

赤い部分に沿って切り込みを入れ、かまぼこは切った部分に2本切り込みを入れ三つ編みにする。

海老と枝豆の塩炒め弁当

Garlic-Ginger Shrimp & Edamame Stir-Fry Bento

● 材料 (作りやすい分量)
むき海老…150g
茹で枝豆…1/2 袋分
胡麻油…大さじ 1/2
すりおろし生姜…小さじ 1/2
すりおろしにんにく…小さじ 1/2
鶏がらスープの素…小さじ 1/2
塩・胡椒…各適量

● 作り方
①枝豆は殻から取り出す。
②フライパンに胡麻油をひき、生姜とにんにくを入れて海老を炒める。
③海老に軽く火が通ったら①を加え、鶏がらスープの素を加え、塩・胡椒で味を調える。

◎ 付け合わせ
卵焼き、
かにかまぼこのマヨネーズサラダ、
紫キャベツラペ、ぶぶあられ、イクラ

◎ 詰め方
塩おにぎりを詰め、笹で仕切る。食材を大葉を使って詰め、紫キャベツにはぶぶあられ、おにぎりにはイクラをのせる。青紅葉であしらう。

笹や大葉で仕切ることで、見た目も美しく、抗菌効果も。

郵 便 は が き

112-8731

料金受取人払郵便

小石川局承認

1105

差出有効期間
2024 年 6 月 27
日まで
切手をはらずに
お出しください

講談社エディトリアル　行

東京都文京区音羽二丁目
十二番二十一号

‖ll·ll·ll·‖ll‖ll‖ll‖ll‖ll‖ll‖ll‖ll‖ll‖ll‖ll‖ll‖

ご住所	□□□-□□□□		

（フリガナ）お名前		男・女	歳

ご職業	1.会社員　2.会社役員　3.公務員　4.商工自営　5.飲食業　6.農林漁業　7.教職員　8.学生　9.自由業　10.主婦　11.その他（　　　　　）		

お買い上げの書店名		市区町	書店

このアンケートのお答えを、小社の広告などに使用させていただく場合がありますが、よろしいでしょうか？　いずれかに○をおつけください。
【　可　　不可　　匿名なら可　】
＊ご記入いただいた個人情報は、上記の目的以外には使用いたしません。

TY 000015-2205

今後の出版企画の参考にいたしたく、ご記入のうえご投函くださいますようお願いいたします。

本のタイトルをお書きください。

a 本書をどこでお知りになりましたか。

　1．新聞広告（朝、読、毎、日経、産経、他）　　2．書店で実物を見て
　3．雑誌（雑誌名　　　　　　　　　　　　）　4．人にすすめられて
　5．書評（媒体名　　　　　　　　　　　　）　6．Web
　7．その他（　　　　　　　　　　　　　　　　　　　　　　）

b 本書をご購入いただいた動機をお聞かせください。

c 本書についてのご意見・ご感想をお聞かせください。

d 今後の書籍の出版で、どのような企画をお望みでしょうか。
　興味のあるテーマや著者についてお聞かせください。

豚肉わさび焼き弁当

Pan-Fried Wasabi Pork Bento

● 材料 (1人分)
豚ロース…1枚
塩・胡椒…各適量
すりおろしわさび…適量
パン粉…適量
とんかつソース…大さじ1

● 作り方
①豚肉は筋切りし、片面に塩・胡椒する。
②もう片面に好みの量のわさびを塗り、両面にパン粉をつけて少量の油(分量外)で揚げ焼きにする。
③食べやすい大きさに切り、片面にソースをつける。

◎ 付け合わせ
キャベツ、
キヌアとハムのマヨネーズサラダ、
さつまいものレモン煮、ひじきの煮物、
ミニトマト、パイナップル、
チャービル、マイクロトマト

◎ 詰め方
弁当箱縦半分にご飯を1/3程度詰める。上にキャベツと豚肉をのせる。仕切りにリーフレタスや器を使って食材を詰める。豚肉の上にパイナップルをのせチャービルとマイクロトマトで飾る。

すりおろしわさびをたっぷり塗り、加熱すると適度な辛みと香りが楽しめる。

ガパオ弁当

Gapao Bento

● 材料 (1人分)
ピーマン…1個
パプリカ…1個
にんにく…1/2かけ
鷹の爪…1本
豚ひき肉…100g
砂糖…小さじ1/4
オイスターソース…小さじ1
ナンプラー…大さじ1/2
生バジル…8〜10枚
ご飯…1杯分
目玉焼き…1個

● 作り方
①ピーマンとパプリカは1cm角の角切りにし、にんにくはみじん切りにする。
②フライパンに油（分量外）をひき、にんにくと鷹の爪を炒める。
③香りが出たら、ピーマンを炒め、豚肉を加え、砂糖、オイスターソース、ナンプラーで味付けし、バジルの葉を加える。
④ご飯の上に③をのせ、目玉焼きをのせる。

◎ 付け合わせ
きゅうり、塩茹でブロッコリー、ミニトマト、バジル

◎ 詰め方
ご飯を2/3程度詰め、その上にガパオをのせる。スライスきゅうりで仕切り、食材を詰める。ガパオの上に目玉焼きをのせバジルで飾る。

「ハーブの王様」と呼ばれるバジルを仕上げに飾ると、香りが美味しさを引き立て、食欲増進にも。

タンドリーチキン弁当

Tandoori Chicken Bento

[ターメリックライス]

● 材料 (作りやすい分量)

ご飯…2杯分

バター…8g

ターメリック…大さじ2

● 作り方

①ボウルにご飯とバターを入れて混ぜ合わせる。

②①にターメリックを加え、混ぜ合わせる。

[タンドリーチキン]

● 材料 (作りやすい分量)

鶏もも肉…1枚

塩・胡椒…各少々

カレー粉…小さじ2

すりおろし生姜…小さじ1

すりおろしにんにく…小さじ1

ケチャップ…小さじ1

塩麹…小さじ1

バター…8g

● 作り方

①鶏肉は食べやすい大きさに切って塩・胡椒し、カレー粉、生姜、にんにく、ケチャップ、塩麹を加え、揉み込んだ後、30分おく。

②フライパンにサラダ油(分量外)を熱し、①を焼く。

③片面が焼けたら裏返し、バターを加えて焼き上げる。

◎ 付け合わせ

紫玉ねぎと紫キャベツのクルミ和え、りんご、塩茹でロマネスコ、レーズン、レモン、糸唐辛子

◎ 詰め方

フリルレタス敷き、その上にターメリックライスをのせる。大葉を仕切りに使いながら食材を詰める。ターメリックライスの上にレーズンを飾り、糸唐辛子をのせる。

①のつけ置きは、前日に仕込んでおけば時短に。

牛肉とパプリカの焼き肉弁当

Beef & Bell Peppers Bento

［焼き肉］
◉ 材料 (1人分)
焼き肉用の牛肉…100g
パプリカ
(黄・オレンジ・赤)…各1個
焼き肉のたれ…適量

● 作り方
①パプリカは乱切りにする。
②油(分量外)を熱したフライパンで牛肉を焼き、①を入れ、焼き肉のたれを加えて味付けする。

［ガーリックシュリンプ］
◉ 材料 (作りやすい分量)
海老…10尾
片栗粉…適量
にんにく…1/2かけ
塩・胡椒…各適量
バター…10g
パセリのみじん切り…適量

● 作り方
①海老は殻をむき、背わたを取って、片栗粉をまぶす。
②にんにくはみじん切りにする。
③フライパンに油(分量外)を熱し、にんにくを炒め、香りが出たら①を入れ炒める。
④火が通ったら、塩・胡椒、バターを加え、パセリを散らす。

◎ 付け合わせ
卵焼き、塩茹でブロッコリー、
人参のだし煮、木の芽

◎ 詰め方
ご飯を2/3程度詰め、その上に牛肉とパプリカの焼き肉をのせる。フリルレタスで仕切りながら食材を詰めていく。卵焼きの上に山椒の葉をのせる。

傷まない工夫

笹や大葉などは抗菌効果があるため、仕切りなどに使用すると
見栄えも考慮でき、傷みも防ぎます。

笹は、デパートや
専門店で入手できますが、
ネット注文もできます。

笹の葉（水煮・枝無）/10枚　308円（税込）
富澤商店　https://tomiz.com

汁が漏れない工夫

小鉢などで華やかさを取り入れたり、透明のフードケースで
見た目を隠しながら汁漏れ防止や味のうつりを防ぎます。

秋

実りの秋は、美味しい物がたくさん！行事も増えますね。炊き込みご飯や型抜きなどを上手に使ってお弁当にも季節感を演出すると鮮やかになります。

イクラ寿司弁当

Salmon Roe Sushi Bento

［イクラ醬油漬け］
◉ 材料 (作りやすい分量)
生筋子…1腹
お湯 (70〜80℃)…500ml
水…500ml
醬油…小さじ2
みりん…小さじ2
酒…小さじ2

● 作り方
①筋子をざるにのせ、両面に湯をかける。
②イクラを取り出し、水を入れたボウルに入れ、軽くゆすぎ、水をきる。
③鍋に醬油、みりん、酒を入れて煮切り、冷ます。
④②に③をかけ、2〜3時間漬け込む。

［イクラ寿司］
◉ 材料 (作りやすい分量)
ご飯…2杯分
粉末すし酢…大さじ2
イクラ…大さじ8
きゅうりスライス…4枚

● 作り方
①バットにご飯を入れ、粉末すし酢をふりかけて混ぜ合わせる。
②①を4等分にして丸いおにぎりを作り、きゅうりを巻く。
③酢飯の上にイクラをのせる。

◎ 付け合わせ
薄焼き卵、明太はんぺん、
椎茸のだし煮、かまぼこ、
生麩の白だし煮

◎ 詰め方
きゅうりで巻いた酢飯を詰め、上にはイクラをのせる。大葉を仕切りに使い、食材を詰める。生麩、南天の葉で飾る。

薄焼き卵の端に切り込みを入れて丸め、菊花に形づくる。

棒肉巻き弁当

Pork-Wrapped Rice Sticks Bento

［棒肉巻き］
◉ 材料（6本分）
ご飯…3杯分
大葉…6枚
豚ばら肉…6枚〜12枚
片栗粉…適量
焼き肉のたれ…適量

● 作り方
①ご飯を成形し、半分に切った割り箸を
刺し、大葉を巻く。
②豚ばら肉を巻き付け、片栗粉をまぶし
て焼く。
③肉が焼けたら焼き肉のたれをからめ
る。

［チーズキャンディ］
◉ 材料（作りやすい分量）
ブロックチーズ…適量
餃子の皮…適量
塩…適量

● 作り方
①チーズは2cm角目安に切る。
②餃子の皮の中央に①を置いて巻き、両
端をひねる。
③油（分量外）で揚げて、油をきったら塩
をふる。

◎ 付け合わせ
筑前煮、キウイ、
ミニトマト、ライム

◎ 詰め方
棒肉巻きを弁当箱の1/2程度詰め、ブー
ケレタスを仕切りに使って食材を詰める。

おつまみにも最適。

裏巻き寿司弁当

Inside-Out Sushi Rolls Bento

● 材料 (1本分)
ご飯…1杯分
海苔…1枚
卵焼き…適量
鮭フレーク…適量
とびこ…適量

● 作り方
①巻きすにラップ、ご飯、海苔の順に
のせる。
②卵焼きは縦長に切る。
③①の中央やや手前に②と鮭フレーク
をのせ、手前から巻いていく。
④①をラップから外し、とびこをまぶ
し、食べやすい大きさに切る。
※かぼすは半分にカットし、中身を取
り出し、器にする。

◎ 付け合わせ
伊達巻き、菜の花のおひたし、
紅白なます、ラディッシュ、
塩茹でロマネスコ、菊

◎ 詰め方
裏巻き寿司を詰め、大葉で仕切り、食材
を詰める。かぼすを飾り切りしたのち、
中をくり抜いて器として使う。あしらい
に菊を飾る。

かぼすの器の作り方

かぼすを器にすることで、見た目
も香りも華やかに。

チャプチェ弁当

Japchae Bento

◉ 材料 (作りやすい分量)
春雨…50g
牛こま切れ肉…250g
人参…3cm
ピーマン…1個
椎茸…3個
酒…大さじ1
みりん…大さじ1/2
焼き肉のたれ…大さじ4
はちみつ…小さじ1/2
コチュジャン…小さじ1
万能ねぎ…適量

● 作り方
①人参、ピーマン、椎茸は細切りにする。
②春雨を茹で、水けをきる。
③牛肉に酒とみりんをふり、油(分量外)
をひいたフライパンで焼く。
④①と②を加え、焼き肉のたれ、はち
みつ、コチュジャンで味付けする。
⑤器に盛り、小口切りにした万能ねぎを
散らす。

◎ 付け合わせ
ナムル…豆もやし、ほうれんそう、
ぜんまい、大根キムチ

◎ 詰め方
ご飯を全体に1/3程度詰め、その上の
斜め半分にチャプチェをのせ万能ねぎを
散らす。残り半分にはナムルをのせる。

豚の角煮弁当

Braised Pork Belly Bento

◉ 材料 (作りやすい分量)
豚ばらブロック…500g
水…200ml
砂糖…大さじ3
醤油…大さじ3
酒…200ml
生姜…2かけ
長ねぎの青い部分…1本分
茹で卵…2個

● 作り方
①豚肉は食べやすい大きさに切る。
②フライパンに油(分量外)を熱し、①の
表面を焼く。
③鍋に②と水、酒、砂糖、醤油、生姜、
ねぎ、茹で卵を加えて20分煮る。

◎ 付け合わせ
カイワレ入りちくわ、
さつまいもの甘煮、人参ナムル、
アスパラソバージュ、
紅大根の甘酢漬け、糸唐辛子

◎ 詰め方
ご飯を1/2程度詰め、大葉で仕切り、食
材を詰める。アスパラソバージュ、紅大根
の飾り切りで仕上げ、糸唐辛子をのせる。

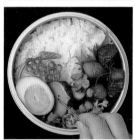

色を意識して付け合わせを決め
る。詰める際は、大きいものから
入れて隙間に細いものを。

そぼろの太巻き弁当

Ground Beef Fat Sushi Rolls Bento

［そぼろの太巻き］
◉ 材料 (作りやすい分量)
ご飯…1.5杯分
牛肉のそぼろ…大さじ3
海苔…全型1枚
サーモン…1cm角で海苔の幅分
きゅうり…縦に1/4本
マヨネーズ…大さじ1

● 作り方
①巻きすに海苔の裏を上にして敷き、ご飯を均一に広げる。
②手前から、そぼろ、サーモン、きゅうりの順にのせ、サーモンときゅうりにマヨネーズを塗る。
③巻きすの手前と海苔を持ち上げ、巻き上げたら形を整える。
④③を2cm幅に切る。

［ねじりこんにゃくの煮物］
◉ 材料 (作りやすい分量)
こんにゃく…1枚
濃縮めんつゆ…水を加えて300cc
酒…大さじ1

● 作り方
①こんにゃくを7〜8mm幅に切る。
②①の縦中央に切り込みを入れる。

③②の片端を切り込みに通す。
④③を熱湯にくぐらせてゆでこぼす。別の鍋に入れ、めんつゆ、酒を加えて煮詰める。

◎ 付け合わせ
卵焼き、スナップえんどうの塩茹で、蒸し海老、蓮根のきんぴら、糸唐辛子、人参のだし煮、ぶぶあられ、生麩(紅葉)の白だし煮

◎ 詰め方
笹を敷いた上に太巻きを並べて詰める。空いているところに食材を詰め、仕上げに糸唐辛子、人参の飾り切りにぶぶあられをのせ、生麩で彩りをつける。

巻きすと海苔を一緒に持ち上げると巻きやすい。

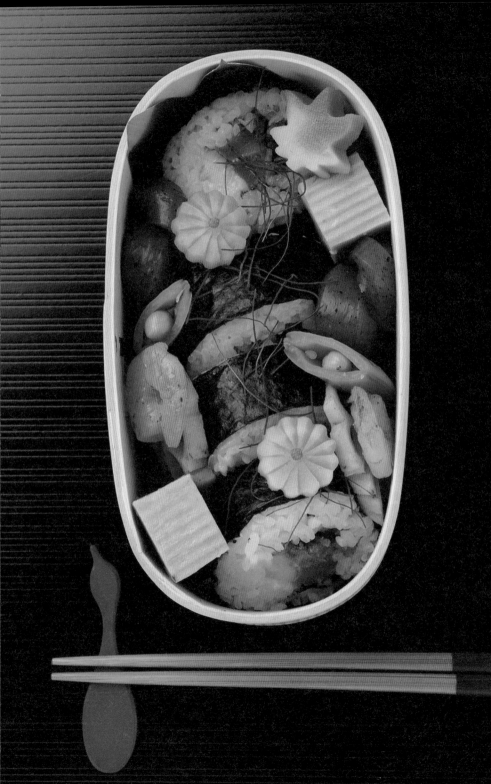

きのこの炊き込みご飯弁当

Mushroom Rice Bento

● 材料 (作りやすい分量)
米…2合
水…300ml
酒…大さじ2
薄口醤油…大さじ2
椎茸…4個
舞茸…60g
しめじ…1パック

● 作り方
①米を洗ったら、水、酒、薄口醤油を加えて炊く。
②椎茸、舞茸、しめじは食べやすい大きさに切り、湯通しする。
③炊飯器から湯気があがってきたら②を加え、炊き上がったら全体を混ぜる。

◎ 付け合わせ
肉団子、アスパラガスの塩茹で、
ごぼうのマヨネーズサラダ、卵焼き、
人参のだし煮、ぶぶあられ

◎ 詰め方
炊き込みご飯を2/3程度詰め、大葉で仕切り、食材を詰める。人参の飾り切り(花、蝶々)で彩りをつける。

バラ寿司弁当

Bara-zushi Bento

● 材料（1人分）
ご飯…2杯分
粉末すし酢…適量
まぐろ…適量
白身魚（鯛など）…適量
ホタテ貝柱…適量
サーモン…適量
卵焼き…適量
イクラ…適量
スナップえんどう…適量

● 作り方
①桶にご飯を入れ、粉末すし酢を切る
ように混ぜる。
②スナップえんどうは好みの硬さに茹
で、中の豆を取って千切りにする。
③まぐろ、白身魚、ホタテ、サーモン、
卵焼きは小さめに切る。
④①の酢飯の上に②を敷き、③と②の
取った豆、イクラを彩りよくのせる。

◎ 詰め方
酢飯を全体の1/3程度詰め、上にスナッ
プえんどうを敷き刺身をバランスよくの
せる。スナップえんどうの豆、イクラで
彩る。

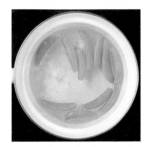

スナップえんどうは好みの硬さ
に茹でる。

千切りにする。

酢飯の上に敷く。

鰻の白焼き弁当

Grilled Unagi Bento

● 材料 (1人分)
鰻の白焼き…1切れ
緑茶…適量
すりおろしわさび…適量
刻み海苔…適量

● 作り方
①フライパンに鰻を入れ、緑茶を注ぎ、緑茶が半量になるぐらいまで煮詰める。
②トースターのトレイに①を置き、わさびを塗って2分焼く。
③刻み海苔をのせる。

◎ 付け合わせ
卵焼き、野菜の浅漬け

◎ 詰め方
ご飯を2/3程度詰め、上に鰻、刻みのりをのせる。大葉で仕切り、食材を詰める。

緑茶で煮るだけで、安い鰻も緑茶に含まれる「タンニン」でふんわり仕上がる。

茄子のバター焼き弁当
Buttered Eggplant Bento

● 材料 (作りやすい分量)
茄子…1本
サラダ油…大さじ1
みりん…小さじ2
めんつゆ…大さじ1
バター…10g
万能ねぎ…適量

● 作り方
①茄子は輪切りにし、水にさらす。
②フライパンに油をひき、①を水けを
きって焼く。
③みりんとめんつゆを加え、茄子がしん
なりしたらバターで風味をつける。
④小口切りにした万能ねぎを加える。

◎ 付け合わせ
線切りレタス、人参のきんぴら、
ウインナーソーセージ、卵焼き、
ラディッシュ、人参のだし煮、
ぶぶあられ

◎ 詰め方
ご飯を全体の1/3程度詰め、上の半
分にレタスを敷く。残り半分には大葉
を使って食材を詰める。飾り切りのラ
ディッシュ、人参の飾り切りにぶぶあら
れをのせる。

人参の飾り切り

輪切りにして花型で抜く。ナイフ
で花びらの立体感をつけるのが
ポイント。

運動会弁当

Sports Day Bento

［スパム海苔巻き］

◉ 材料 (作りやすい分量)

スパム…1缶
ご飯…2杯分
海苔…全型1枚
塩・胡椒…各適量

● 作り方

①牛乳パックの片側面を切り落とし、型を作る。
②スパムは適当な厚さに切り、油（分量外）を熱したフライパンで両面、塩・胡椒して焼く。
③①の内側にラップを敷いて底からご飯、②、ご飯の順にのせる。
④型から出してラップを外し、海苔を巻き、6等分に切る。

［3色巻きご飯］

◉ 材料 (作りやすい分量)

ご飯…2杯分
卵…2個
酒…小さじ1
砂糖…小さじ3
水…小さじ1
桜でんぶ…適量
しそふりかけ…適量

● 作り方

①ご飯を3等分してボウルに入れる。
②卵に砂糖、酒、水を加えて溶き、フライパンで炒り卵を作る。
③ご飯それぞれに桜でんぶ、しそふりかけ、②を加えて混ぜる。
④巻きすにラップを敷き、③を並べて巻き、6等分に切る。

◎ 付け合わせ

蒸しパン、レタス、
パプリカ入り卵焼き、唐揚げ、
肉巻きパプリカの醤油焼き、ぶどう、
りんご、梨、飾り人参、ぶぶあられ

◎ 詰め方

笹を仕切りに使いながらバランスよく巻き寿司、蒸しパンを詰める。

茹で酢豚弁当
Boiled Sweet & Sour Pork Bento

[茹で酢豚]

◉ 材料 (作りやすい分量)

豚ばらブロック…500g

酢…100ml

砂糖…大さじ1

すりおろし生姜…小さじ1

オイスターソース…大さじ1

● 作り方

①鍋にたっぷりの湯(分量外)を沸かし、酢を入れて豚肉を40〜50分煮る。

②耐熱容器に砂糖、生姜、オイスターソースを入れて混ぜ、600Wの電子レンジで1分加熱する。

③①を食べやすい大きさに切り、②をかける。

[鮭フレークおにぎり]

◉ 材料 (作りやすい分量)

ご飯…1.5杯分

鮭フレーク…大さじ3

塩… 少々

お好きなオイル…小さじ1/2

● 作り方

①ボウルに全ての材料をいれて混ぜる。

②①を3等分にして、それぞれラップで丸く握る。

◎ 付け合わせ

紫キャベツラペ、

アスパラガスの塩茹で、ミニトマト

◎ 詰め方

鮭おにぎりを縦に並べて詰め、フリルレタスや大葉で仕切り、食材を詰める。

酢で時間をかけてゆっくり煮込むことで肉も柔らかく。

おこわでお月見弁当

Okowa Tsukimi Bento

● 材料 (作りやすい分量)
米…2合
切り餅…1個
山菜水煮…1袋
人参…2cm
みりん…大さじ2
薄口醤油…大さじ2
かつおだしの素…小さじ1と1/2

● 作り方
①人参は線切りにする。
②米を洗って、水、山菜、①、みりん、醤油、
だしの素を入れ、餅をのせて炊く。
③炊き上がったらすぐに全体を混ぜる。

◎ 付け合わせ
豚肉巻きほうれんそうの醤油焼き、
卵焼き、ごぼうのマヨネーズサラダ、
うさぎかまぼこ、みたらし団子

◎ 詰め方
おこわを2/3程度詰め、器や大葉を仕
切りに使いながら食材を詰める。器には
みたらし団子を入れ、かまぼこは飾り切
りし、青紅葉であしらう。

餅を入れるだけで、本格おこわ
の食感に。

サバ缶と茄子の甘辛煮弁当

Canned Mackerel with Eggplant Bento

● 材料 (作りやすい分量)
サバ缶…1缶
茄子(半月切り)…2本分
めんつゆ…大さじ2
酒…大さじ2
みりん…大さじ2
砂糖…大さじ1
胡麻油…大さじ1
白胡麻…適量

● 作り方
①フライパンに油(分量外)をひき、茄子
とさばを炒める。
②めんつゆ、酒、みりん、砂糖を加える。
③胡麻油を回しかけ、胡麻をふる。

◎ 付け合わせ
茹で卵、きゅうりとミニトマトの
フレンチドレッシング和え、
紫玉ねぎピクルス、
ピーマンとじゃこの醤油炒め、
梅ふりかけ

◎ 詰め方
ご飯を1/2程度詰め、ブーケレタスで
仕切り食材を詰める。茹で卵は飾り切り
にする。ご飯の上にふりかけをかける。

さばは悪玉コレステロールを減ら
す働きから、メタボ対策としても
注目されている。

芽ねぎ寿司弁当

Menegi-zushi Bento

● 材料 (作りやすい分量)
ご飯…2杯分
粉末すし酢…適量
芽ねぎ…適量
梅干し…1個
海苔…適量

● 作り方
①梅干しは種を取り除いてたたく。
②ご飯に粉末すし酢を混ぜ、俵形に握る。
③②に芽ねぎをのせ、細く切った海苔を
巻き、①をのせる。

◎ 付け合わせ
卵焼き、
ちくわ・大根・しらたきのだし醤油煮、
かぼちゃのバター焼き、人参のだし煮

◎ 詰め方
芽ねぎ寿司を詰め、笹で仕切る。食材は
大葉で仕切り詰める。

さわやかな風味の芽ねぎで見た
目も美しく、梅肉の酸味が食欲を
そそる。

宗田流 華やか演出秘密兵器

お弁当に華やかさやアクセントを足したいときはピックを使用したり、
大根や人参を型抜きし、飾り切りをすることで美しさがアップします。

お弁当用ピック

普段のお料理、おもてなしや行事などに小物を加え
るだけでお店のような雰囲気を出すこともできる。

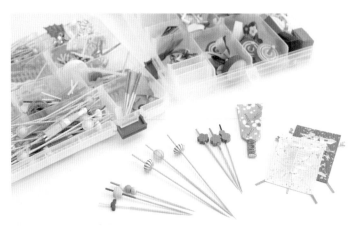

さまざまな抜き型

紅葉や松などの型抜きを加えると
季節感を演出することもできる。

冬

寒い冬は、お野菜が甘く
美味しくなる季節。
葉物や根菜を上手に使って
味付けはしっかり。
お米は長めに浸水させてから
炊き上げると
冷めてもふっくらします。

4種のおにぎり弁当

4 Kinds of Rice Balls Bento

［ローストビーフ］
● 材料 (作りやすい分量)
牛ロースブロック…500g
ステーキスパイス…適量
牛脂…1かけ
湯…肉がかぶる量

● 作り方
①牛ロースは常温に戻しておく。
②①の全体にステーキスパイスをまぶす。
③フライパンに牛脂を入れ、溶けてきたら②を焼く。
④全体をこんがり焼いたら取り出し、耐熱性ストックバッグに入れる。
⑤「保温」にした炊飯器に湯と④を入れ、30分休ませる。

［4種のおにぎり］
● 材料 (1人分)
ローストビーフ…薄切り1枚
海苔…全型の1/4枚
薄焼き卵…1枚
野沢菜漬けの葉…1枚
ご飯…1/2杯×4個
焼き鮭 (ほぐしたもの)…少々
刻みしば漬け…少々
カイワレ大根の葉…2枚
柚子皮…少々

● 作り方
①ラップに海苔、ご飯をのせ、ラップごと包んで丸いおにぎりを作る。
②①に十字の切り込みを入れる。
③ラップに薄焼き卵とご飯をのせ、ラップごと包んで丸いおにぎりを作る。
④ラップにローストビーフとご飯をのせ、③と同様におにぎりを作る。
⑤ラップに野沢菜とご飯をのせ、同様におにぎりを作る。
⑥②には焼き鮭、③にはしば漬け、④にはカイワレ大根の葉、⑤には柚子皮をのせる。

◎ 付け合わせ
かぼちゃコロッケ、
人参きんぴら、伊達巻き、
かぼちゃの甘煮、
ほうれんそうの塩昆布和え、
ラディッシュ、きゅうり、
とんかつソース、白胡麻

◎ 詰め方
4種類のおにぎりを彩りよく詰める。フリルレタスで仕切り、食材を詰める。かぼちゃ、ラディッシュ、きゅうりは飾り切り。コロッケにはとんかつソースと白胡麻をのせる。

ちらし寿司弁当

Chirashi-zushi Bento

● 材料 (作りやすい分量)
ご飯…2杯分
粉末すし酢…大さじ2
きゅうり…1本
薄焼き卵…1枚
大葉…1枚
茹でむき海老…6尾
削りかまぼこ…適量
サーモン…適量
桜でんぶ…適量
醤油イクラ…適量

● 作り方
①バットにご飯を入れ、粉末すし酢をふりかけ、まんべんなく混ぜ合わせ、すし飯を作る。
②きゅうりはスライスし、編み込む。
③薄焼き卵、大葉は線切りにし、サーモンは食べやすい大きさに切る。
④お弁当箱に①を詰め、9等分にした枠内に各具材をのせていく。

◎ 詰め方
酢飯を全体の1/3程度詰め、ご飯に9等分なるように箸などで目印をつける。それぞれに食材を彩りよくのせていく。きゅうりは格子にする。

編み込みきゅうり

ピーラーでスライスしたきゅうりを、縦横に並べる。

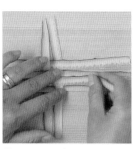

縦目に対して、横目のきゅうりを上下上下と編み込んでいく。

上記の作業を繰り返す。

コク味噌チャーシュー弁当

Rich-Miso Chashu Bento

● 材料 (作りやすい分量)
豚ロースブロック…350g
味噌…大さじ 2 と 1/2
はちみつ…大さじ 2 と 1/2
すりおろしにんにく…小さじ 1/2
すりおろし生姜…小さじ 1

● 作り方
①味噌とはちみつ、にんにく、生姜を混
ぜ合わせる。
②フライパンに油(分量外)をひき、豚肉
の表面を焼く。
③耐熱容器に②を入れ、①を全体に塗
り、ラップをせずに600Wの電子レンジ
で9分加熱する。
④レンジから取り出したら、上下をひっ
くりかえしてラップをし、20分間予熱
を通す。
⑤食べやすい大きさに切り、残ったソー
スをかける。

◎ 付け合わせ
茄子のレンチン甘酢醤油、
菜の花、パプリカの白だし、
しらたきのたらこ炒め、茹で卵、
黒胡麻、糸唐辛子、ディル

◎ 詰め方
ご飯を1/2程度詰め、上にチャーシュー、
タレ、糸唐辛子をのせる。ブーケレタス
で仕切り食材を詰める。茹で卵には黒胡
麻をのせ、チャービルで飾る。

味噌　　　　はちみつ

にんにく　＋　生姜

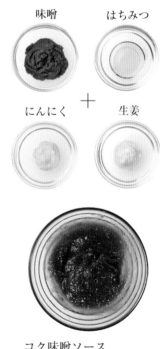

コク味噌ソース

焼き茄子や、鶏ハムなどにも合
う万能ソース。

キャベツの肉巻き弁当

Pork & Cabbage Rolls Bento

● 材料 (作りやすい分量)
豚ロース薄切り肉…4枚
キャベツ…2枚
塩・胡椒…各適量
小麦粉…適量
酒…大さじ1/2
オイスターソース…大さじ1

● 作り方
①キャベツを線切りにして豚肉で巻き、塩・胡椒して小麦粉をまぶす。
②熱したフライパンに油(分量外)をひいて①を焼き、酒とオイスターソースを加える。
③食べやすい大きさに切る。

◎ 付け合わせ
カイワレ大根、茹で卵
ハム、きゅうりと人参の糠漬け、
塩茹でロマネスコ

◎ 詰め方
ご飯を斜めに1/2程度詰め、フリルレタスで仕切り、食材を詰める。飾り切りにしたハムと茹で卵。茹で卵にはマヨネーズと黒胡麻で可愛く。漬物はご飯の上にのせる。

粉末赤じそ

十四種雑穀

海老ちりめん

ふりかけ
ちょっとした変化や彩りを楽しむために、ふりかけは数種類常備しておくと便利。

豚ばら肉と厚揚げ弁当

Pork with Deep Fried Tofu Bento

● 材料 (作りやすい分量)
豚ばら肉…3枚
厚揚げ…1/4枚
椎茸 (薄切り)…1個分
人参 (薄切り)…2cm分
炒り白胡麻…小さじ1/2
胡麻油…小さじ1
材料A
┌ 醤油…大さじ1
│ みりん…大さじ1
└ 砂糖…少々

● 作り方
①厚揚げは3等分に切り、豚肉で巻く。
②ボウルにAを混ぜる。
③耐熱容器に①を並べ、人参と椎茸を
加え、②をかける。
④胡麻油をかけ、ふんわりラップをして
600Wの電子レンジで5分加熱する。
⑤炒り胡麻をふる。

◎ 付け合わせ
塩鮭焼き、プチヴェール、
卵焼き、ミニトマト、梅干し

◎ 詰め方
ご飯を全体に1/3程度詰め、フリルレ
タスで仕切り、食材をのせる。豚ばら肉
と厚揚げには炒り胡麻をふる。

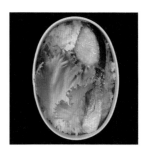

フリルレタスで仕切ることで見た
目の彩りも華やかに。

ごぼうと人参の牛肉巻き弁当

Beef & Vegetable Rolls Bento

● 材料 (2人分)
ごぼう…10cm × 2本
人参…10cm
牛ロース薄切り肉…4枚
塩・胡椒…各適量
小麦粉…適量
材料A
┌ みりん…大さじ1/2
└ 醤油…大さじ1/2
材料B
┌ 砂糖…小さじ1/2
│ 醤油…小さじ1
└ みりん…小さじ1

● 作り方
①ごぼうは縦4等分にして水にさらす。
②人参をごぼうと同じくらいの大きさに
切る。
③耐熱皿に①と②を入れAの材料を混
ぜて600Wの電子レンジで2分加熱する。
④牛肉に塩・胡椒し、小麦粉をふり、③
を巻く。
⑤耐熱皿にBの材料を入れ、④にからめ
てラップをし、電子レンジで2分加熱する。
⑥⑤を裏返してさらに3分加熱する。

◎ 付け合わせ
卵焼き、ほうれんそうのバター炒め、
ミニトマト、生麩の白だし煮

◎ 詰め方
わかめご飯を1/2程度詰め、フリルレ
タス、大葉で仕切り、食材を詰める。生
麩、チャービルで飾る。

人参とごぼうを同じくらいの大き
さに切りそろえ、600Wの電子レ
ンジで2分加熱する。牛肉で巻く
前に先に加熱しておくことで、や
わらかくほっこりした仕上がりに。

ヤンニョム風チキンチーズ弁当

Yangnyeom-Style Chicken & Cheese Bento

● 材料 (作りやすい分量)
鶏もも肉…1枚
小麦粉…大さじ2
ケチャップ…大さじ1と1/2
酒…大さじ1
すりおろし生姜…小さじ1
醤油…大さじ1
すりおろしにんにく…小さじ1/2
豆板醤…小さじ1
はちみつ…小さじ1/2
胡麻油…大さじ1
シュレッドチーズ…35g

● 作り方
①ケチャップ、酒、生姜、醤油、にんにく、
豆板醤、はちみつを合わせてソースを作る。
②鶏肉に味が染みやすくなるよう穴を
あけ、一口大に切ったら小麦粉をまぶす。
③フライパンに油(分量外)をひき、②を
皮目から焼き、①をからめる。
④火が通ったら胡麻油とチーズを加え、
全体にからめる。

◎ 付け合わせ
じゃことピーマンのサラダ醤油風味、
人参ときゅうりと切り干し大根の
ポン酢和え、茹で卵、
パプリカの塩胡椒炒め、糸唐辛子

◎ 詰め方
ご飯を1/2程度詰め、上にヤンニョム
風チキンチーズをのせ、糸唐辛子をのせ
る。フリルレタスで仕切り食材を詰める。

フォークで穴をあけることによっ
て、タンパク質への加熱による焼
き縮みや固くなるのを防ぎ、下味
も染み込みやすい。

豚肉かぼちゃ巻き弁当

Pork & Pumpkin Rolls Bento

● 材料 (作りやすい分量)
かぼちゃ…適量
豚ばら肉…6枚
焼き肉のたれ…大さじ1

● 作り方
①かぼちゃは薄切りにして10cm程度の
長さに切り、豚肉で巻く。
②フライパンに油(分量外)をひき、①
を焼く。
③焼き肉のたれを加え、②にからめる。

◎ 付け合わせ
ほうれんそうのバター醤油炒め、
人参とたらこのソテー、卵焼き、
生姜の酢漬け、糸唐辛子

◎ 詰め方
ご飯を全体に1/3程度詰め、上に大葉
をのせる。弁当箱の形を活かしながらバ
ランスよく詰める。糸唐辛子で飾る。

大葉はレタスよりも水分が少な
く、抗菌効果や栄養素も豊富で
仕切りにおすすめ。

ヘルシーロールキャベツ弁当

Healthy Stuffed Cabbage Rolls Bento

● 材料（2個分）
豚ロース薄切り肉…2枚
大根…適量
人参…適量
キャベツ…2枚
だし汁…300ml
薄口醬油…20ml

● 作り方
①大根と人参は線切りにし、豚肉で巻く。
②キャベツの葉を600Wの電子レンジで
1分加熱し、①を巻く。
③鍋に②とだし汁と薄口醬油を入れて
煮る。
④食べやすいよう半分に切る。

◎ 付け合わせ
卵焼き、コロッケ、ウインナー

◎ 詰め方
ご飯を縦半分に詰め、笹で仕切る。上に
飾り切りした赤ウインナーをのせる。大
葉も仕切りに使いながら食材を詰め、コ
ロッケにはケチャップをのせる。

赤ウインナー「かに」

そのままでも、飾り切りしてもか
わいい「赤ウインナー」。彩りも
よく、お弁当におすすめ。

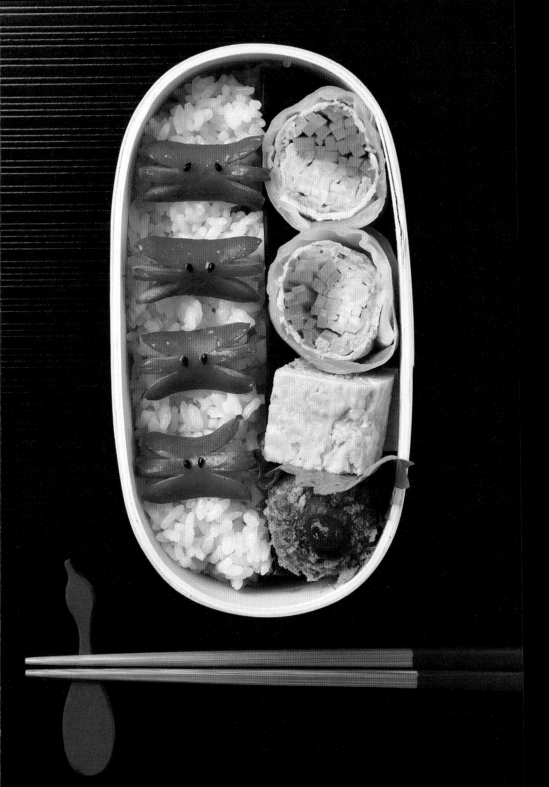

卵の茶巾煮弁当

Egg-Filled Abura-Age Pouches Bento

● 材料 (作りやすい分量)

油揚げ…2枚
卵…4個
水…200ml
酒…大さじ1
みりん…大さじ1
砂糖…大さじ2
醤油…大さじ2と1/2
だしの素…小さじ1

● 作り方

①油揚げは湯通しして油抜きする。
②①を半分に切って開き、卵を入れて口を楊枝でとめる。
③鍋に水、酒、みりん、砂糖、醤油、だしの素を入れて熱し、沸騰したら②を入れて煮る。

◎ 付け合わせ

大葉、菜の花の醤油炒め、
人参とたらこのソテー、
紫キャベツのバルサミコソテー

◎ 詰め方

ご飯を全体に1/3程度詰め、大葉をのせる。その上に食材をバランスよくのせる。万能ねぎを散らす。

油揚げを油抜きしたら菜ばしをごろごろと転がし、袋を開きやすくする。破かないように注意して袋状に開き、中に割った卵を白身ごと入れ、口を楊枝でとめる。

白菜豚ロール弁当

Chinese Cabbage Rolls Bento

● 材料 (作りやすい分量)
白菜…3枚
豚ロース…200g
塩・胡椒…各少々
小麦粉…適量
ウスターソース…大さじ1
醤油…大さじ1/2
酒…小さじ2

● 作り方
①白菜はラップで包み、600Wの電子レンジで4分加熱し、水にはなしてさまし軽くしぼる。
②①を巻き、それを豚肉で巻く。
③塩・胡椒し、小麦粉をまぶす。
④フライパンに油をひき、③を焼き、酒、醤油、ウスターソースを加えて照り煮にする。

◎ 付け合わせ
塩茹でブロッコリー、
ピリ辛こんにゃくのだし醤油炒め煮、
ミニトマト、茹で卵、しば漬け

◎ 詰め方
ご飯を1/2程度詰め、ふりかけをかけ、茹で卵としば漬けをのせる。食材はフリルレタスで仕切り詰める。こんにゃくに糸唐辛子をのせる。

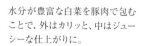

水分が豊富な白菜を豚肉で包むことで、外はカリッと、中はジューシーな仕上がりに。

茄子の肉巻き弁当
Pork & Eggplant Rolls Bento

● 材料 (作りやすい分量)
茄子…1本
小麦粉…大さじ1
豚ロース薄切り肉…8枚
うずらの卵 (茹でたもの)…6個
酒…大さじ1/2
みりん…大さじ1/2
醤油…大さじ1/2

● 作り方
①茄子は縦に8等分し、小麦粉をまぶす。
②豚肉を広げ、①を巻き、油(分量外)を
ひいたフライパンで焼く。
③火が通ったら、うずらの卵と酒、みり
ん、醤油を加え、汁けがなくなるまで炒
め煮する。

◎ 付け合わせ
ほうれん草と塩昆布のバター醤油炒め、
りんご、人参のだし煮、ぶぶあられ、
糸唐辛子

◎ 詰め方
ご飯を2/3程度詰め、上に茄子の肉巻き、
糸唐辛子をのせる。フリルレタスや大葉
で仕切り、食材を詰める。りんごと人参
は飾り切りにする。

りんごの飾り切り

格子状に浅く切り目を入れ、一
つ飛ばしで皮を外していく。デコ
レーションカッターを使うとやり
やすい。

里芋コロッケ弁当

Satoimo Croquettes Bento

● 材料 (作りやすい分量)
牛ひき肉…100g
砂糖…小さじ 2
酒…小さじ 2
すりおろし生姜…小さじ 1/2
醤油…小さじ 2
里芋…300g
小麦粉…適量
溶き卵…適量
パン粉…適量
とんかつソース…適量

● 作り方
①里芋は皮をむき、竹串がスーッと通る
ぐらいまで煮る。
②フライパンに油(分量外)をひいて牛肉
を炒め、砂糖、酒、生姜、醤油を加える。
③①をつぶして②を加えて混ぜ、丸める。
④小麦粉、溶き卵、パン粉の順につけ、
油(分量外)で揚げる。
⑤器に盛り、ソースをかける。

◎ 付け合わせ
卵焼き、小松菜とじゃこの醤油炒め、
たこときゅうりの酢の物、
人参のだし煮、ミニトマト、ぶぶあられ

◎ 詰め方
ご飯を 1/2 程度詰め、ぶぶあられを上
に散らす。レタスと大葉で仕切り、食材
を詰める。人参の飾り切りにぶぶあられ
をのせ、コロッケにはとんかつソース
をかける。

手のひらサイズにするとお弁当に
ちょうど良い。

トンデリング弁当

Pork-Wrapped Onion Rings Bento

● 材料 (1人分)
玉ねぎ…1/2 個
豚ばら薄切り肉…6 枚
砂糖…小さじ 1/2
酒…大さじ 1
みりん…大さじ 1
醤油…大さじ 1
すりおろしにんにく…小さじ 1/2
すりおろし生姜…小さじ 1/2

● 作り方
①玉ねぎを輪切りにし、内側を取り除く。
②豚肉を巻いていく。
③フライパンに油(分量外)をひき、②を
焼く。
④砂糖、酒、みりん、醤油、にんにく、生
姜を加え、汁けがなくなるまで煮詰める。

◎ 付け合わせ
卵焼き、りんご

◎ 詰め方
ご飯を全体の 1/3 程度詰め、上にレタ
スを敷き食材をのせる。りんごは飾り切
りにする。

豚肉は均等の厚さに巻く。

海老シュウマイ弁当

Shrimp Shumai Bento

● 材料 (10 個分)
海老 (ブラックタイガー)…10 尾
豚ひき肉…100g
玉ねぎ…1/3 個
酒…小さじ 1
片栗粉…小さじ 1
胡麻油…小さじ 2
醤油…小さじ 1
砂糖…小さじ 1
塩…小さじ 1/3

● 作り方
①海老は背わたを除き、尾を残して皮を
むく。玉ねぎはみじん切りにする。
②海老に酒、塩 (分量外)、片栗粉をまぶす。
③ボウルに豚肉と玉ねぎを入れ、胡麻油、
醤油、砂糖、塩を加えて練る。
④③で②を包む。
⑤フライパンに水をはり、クッキング
ペーパーをのせて熱し、沸騰したら④を
のせて 7 分、蒸し焼きにする。

◎ 付け合わせ
卵焼き、
茄子のレンチン甘酢醤油

◎ 詰め方
ご飯を全体の 1/3 程度詰め、上にブー
ケレタスを敷き、海老シュウマイをのせ
る。大葉を仕切りに使いながら食材をの
せる。

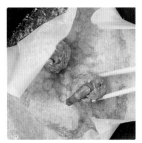

フライパンに水をはり、クッキン
グペーパーをのせて熱する。

曲げわっぱ

Advantage Point!

何と言っても
ご飯がおいしい！

おいしい弁当はおいしいご飯が基本。杉材で作られている曲げわっぱは、天然木材ならではの調湿効果で時間が経ってもご飯が水っぽくならず、ふっくらとおいしくいただけるのが利点です。杉の持つ抗菌効果もお弁当に最適です。

自然の香りが食欲を誘う

無塗装の曲げわっぱは杉の香りが長く続きます。この香り成分のひとつである α-ピネンのリラックス効果は近年さまざまな実験で立証されているほど。ナチュラルなアロマの効果で食事の時間をリラックスタイムに。

編集協力：古谷尚子 / 写真：松浦文生 (p.134-143)

軽くて丈夫で長持ち

曲げわっぱは軽量で、見た目以上に丈夫です。天然素材なので取り扱いに多少気遣いが必要ですが、使い込むほどに優しい味が出てきます。

サステナブル

丁寧に使えば 20 年、25 年と長く使えます。黒ずんできたものを砥いだり塗りを施したりとメンテナンスしてくれるメーカーもあります。木製なので最後は土に戻るサステナブルなところはかえって現代的。

写真映えする

お弁当箱が曲げわっぱというだけで見た目の高級感が増します。お弁当を作った人の温もりと心配りも感じられて、食欲誘う視覚効果も。

曲げわっぱ弁当箱 Selection

お弁当箱の容量の目安は

子どもサイズ
300cc
お茶碗半分に
おかず

女性サイズ
500cc
お茶碗軽く1杯に
おかず数種

男性サイズ
700cc
お茶碗約1杯半に
おかず数種

小判型

もっともベーシックな形の曲
げわっぱの弁当箱。内側白木、
外側はウレタン塗装、仕切り
付き。
小判型小NEW　13,200円Ⓐ
500cc W180×D110×H50mm

小判型スリム

高さもありスペース半分で男
性の茶碗1杯分が目安。内側
白木、外側はウレタン塗装。
小判型スリム　15,400円Ⓐ
600cc W200×D110×H57mm

小判入子 (いれこ)

2段セットで食べ終われば下
の段に収納できる入子型。内
側白木にごはん、全塗装のほ
うにおかずを入れる想定で、
上下どちらのパターンも用意
あり。
小判入子・レディース RL
16,500円Ⓐ　上300cc 下400cc
W166×D97×H80mm
入子にしたときは H55mm

入子丸弁当 二段

丸形2段で食べ終われば下の
段に収納できる入子型。上段
は塗装あり、下段は白木。
入子丸　17,600円Ⓐ
上300cc 下500cc
φ135×H105
入子にしたときは H63mm

丸二段

内側におかず入れが組み込まれている丸型お弁当箱。外側とおかず入れには塗装あり。

丸二段　17,600円 Ⓐ
上 300cc 下 450cc
上を外して 800cc
φ133×H92mm

白木きこり弁当箱

きこりが使っていた「一升わっぱ」をヒントにした深蓋デザインが特徴的。例えばご飯は現地でというときに蓋を茶碗代わりに使えます。取り外しのできる中子の上部は二枚板で強度をアップ。

きこり弁当箱　16,500円 Ⓑ
本体 500cc 中子約 350cc
φ130×H105mm

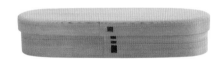

白木おむすび弁当箱

無塗装で、おむすびをそのまま入れても楽しい三角形のユニークな形。弁当箱としてだけでなく食卓にあっても素敵です。

おむすび弁当箱　11,000円 Ⓑ
350cc W110×D110×H60mm

白木長手弁当箱

マチの狭いカバンに入れやすい形状。食べ終わったら箸も入る長さです。写真の小のほか、中 550cc・大 600cc の 3 サイズ展開。

長手弁当箱小　12,100円 Ⓑ
400cc W230×D80×H53mm

ちょっとしたアイデア品も登場

日本の暮らしの心地よさをコンセプトに全国展開する奈良の中川政七商店から曲げわっぱのアイデア品をご紹介。

汁もれしにくい曲げわっぱ

2 枚の板を組み合わせて歪みにくくすることで蓋の裏側にパッキンをつけることを可能にし、たれがからむおかずも汁もれしにくくしたもの。替えのシリコンゴム製パッキンの別売りもあり。表面はウレタン塗装。

汁もれしにくい曲げわっぱ
20,900円 Ⓒ
580cc W105×D210×H61mm

一膳曲げわっぱ

ご飯 1 膳分が入るサイズで、内側にはご飯粒のつきにくい加工が施されています。おかずは現地調達というときや、残りご飯のお櫃としても使えます。

ごはん粒のつきにくい
一膳曲げわっぱ
9,350円 Ⓒ
430cc φ122×H66mm

もともと、ご飯をおいしく
保つためのお櫃がルーツ

湿気が多い日本。昔は竈でご飯が炊き上がるとすぐにお櫃に移していました。杉のお櫃に入れることで余分な湿気が杉材に吸収され、同時に米粒の表面に適度な膜ができます。このように"米を締める"と、冷める過程でそれ以上水分が外に出ないため固まらず、朝お櫃に移したご飯で夜になってもおむすびが握れるのだそうです。また、杉の持つ抗菌力で、夏は2日冬なら3日傷まないといわれ、炊飯器が登場するまでは一般的にどの家庭でも用いられていました。曲げわっぱのお弁当箱は、おいしいご飯のための知恵、お櫃がルーツ。白いご飯のお弁当には曲げわっぱが欠かせません。

経済産業省認定伝統工芸士
栗盛 俊二さん

15mmの厚蓋、内側の底角がアール仕上げされたグッドデザイン賞受賞品。おひつ3号 48,400円 **Ⓐ**

職人技が生きる曲げわっぱ

「曲げもの」とは、木を曲げて加工した木工品の総称。出土品から、少なくとも平安時代にはすでに作られていたことがわかる長い歴史があります。高知・馬路村、鳥取・智頭町、群馬・入山、静岡・井川、奈良・吉野、福岡・博多、長野・木曽など各地で作られていますが、唯一国の伝統的工芸品に指定されているのが秋田・大館曲げわっぱ。薄く削いだ板状の杉材を熱湯で煮て、柔らかくしてから筒状に丸め、合わせ目を山桜の木皮で縫うようにして固定し底板を密着させて作ります。杉の香りと職人技に愛着もひとしおです。

2つ目の曲げわっぱには
漆塗りや作家ものもおすすめ

白木の曲げわっぱはよく乾かして使うのが長持ちの秘訣。毎日お弁当を持っていくなら2つあるのが理想です。2個目はちょっと贅沢に、漆塗りや作家ものはいかが。

人気の作家もの

有名女優さんのインスタに登場してから話題沸騰の漆器作家、加藤那美子さんが制作している星くずシリーズの弁当箱。

左)まる重L星くず朱
33,000円
右)わっぱ弁当箱
星くず赤白 39,600円
ともに陶宙（SORA)
東京都目黒区碑文谷5-5-6
℡ 03-3791-4334

拭き漆の落ち着き

白木の曲げわっぱに漆を塗って拭くという作業を何度か繰り返して生じた渋さが魅力。木目が透けて見えるのが特徴です。
拭き漆丸弁当箱4寸
16,500円 **Ⓑ**

お問い合わせ先はp.143へ

曲げわっぱ弁当の
きれいな詰め方例

彩のバランスとちょっとしたコツをつかめば映えるお弁当のできあがり！

小判型の例

傾斜と角度がコツ！
豚ロースの
酒粕漬け焼き
弁当

◉ 材料

豚ロースの酒粕漬け焼き

紫キャベツの
青シソドレッシング
（レンジ調理）

菜の花のごま油醤油
（レンジ調理）

卵焼き
（ひょうたん型抜き）

パプリカのペッパー
ソルトガーリック
（飾り切り・レンジ調理）

ラディッシュ
（飾り切り）

フリルレタス

大葉

1

ご飯を3分の2くらい、
おかず側を少し斜めに
詰めます。

2

フリルレタスを敷いて
肉の半分を斜めに置き
ます。

3

大葉をのせ、残りの肉
を逆向きの斜めに。

4

残りのスペースに紫
キャベツと菜の花を詰
めます。

5

パプリカと卵焼きを彩
りよく飾り、ラディッ
シュをのせて完成。

基本
詰める前に やること

●曲げわっぱは一度水に くぐらせ、ふきんなどで 水けを拭いておきます。

●ご飯は押し付けずに ふっくらと、上部1cm くらいあけて詰めます。

茶色の次は色物、 その順番がコツ！
豚の角煮 弁当

1

上2〜3cmあけてご飯 を全体に詰めます。

丸型の例

◉ 材料

豚の角煮
（レンジ調理）

青梗菜のお浸し

茹で卵
（飾り切り・黒胡麻のせ）

紅大根の漬物柚子風味

パプリカのペッパー
ソルトガーリック
（レンジ調理）

ディル

2

縁にそってぐるりと円 を描くように青梗菜を のせます。

3

豚肉を、立てるように 一列に並べます。

4

茹で卵とパプリカをそ わせます。

5

くるっと巻いた紅大根 を飾り、ディルや胡麻 をアクセントに。

お茶目な柄が楽しい
「かまわぬ」の
おいしい風呂敷

お弁当を包むのにちょうど良い大きさの50×50cm。食べ物をモチーフとしたデザインの中にちょっとした遊びが隠れているのも楽しい。裏表が目立ちにくい染め方をした薄手で結びやすい綿素材。
写真の柄は上から、とうもろこし、レモン、めだまやき
各770円 **D**

弁当包み Selection

曲げわっぱのお弁当箱と相性がよい素敵な布とちょっとしたアイデアもの。

シンプルシック。
「中川政七商店」の
撥水加工の
弁当ふろしき

撥水加工を施した綿麻の生地なので、水をはじき、すぐに拭き取れば簡単に汚れが取れます。44×44cmの標準サイズ。角に付いたポケットには、保冷剤やふりかけ、インスタントの味噌汁、薬などが入れられます。
紺、薄茶、赤 各2,200円 **C**

大判なら江戸の老舗の和柄がおすすめ。「竺仙」のお膳掛

江戸時代から伝わる型染めと職人技を受け継ぐ老舗染め匠の定番品、手捺染で染められたお膳掛は本来は食卓の塵除け。70×70cmの大判なので家族分のお弁当箱を包むこともでき、格調ある和柄が曲げわっぱをさらに格上げします。
上から源氏車、遠山桜
各2,310円 **E**

布がバッグに早変わり！お洒落なバッグハンドル

布をたちまちバッグにしてしまうアイデア商品「バッグハンドルSomeco」。水平に持ち運べ、ホームパーティなどの持ち寄りの席やピクニックに便利。繋ぎ方を変えればエコバッグにも早変わり。
Someco（サムコ）2,090円 **F**
（写真は参考商品）
※布は p.140 おいしい風呂敷のめだまやきとらっかせい。

いろいろな形を包める保冷機能つきランチラッパー

四隅のマジックテープが表地のどこにでもくっつくラッピング構造。内側は保冷効果もあるポリエステルで、保冷剤が入るポケットつき。中綿のクッション性が弁当箱を守ります。
ランチラッパー 1,100円 **G**
W420×D420×H5mm

お問い合わせ先はp.143へ　141

曲げわっぱ弁当箱のお手入れ

曲げわっぱのお手入れ方法を国指定の伝統的工芸品、
秋田県大館市・大館曲げわっぱの老舗「栗久」の栗盛社長に聞きました。
よく洗ってよく乾燥させれば20年、25年と長く使えます。

基本の洗い方

1 こびりつきは水では溶けないのでお湯を使います。熱めのお湯を全体に回しかけ、弁当箱の底に1cmくらいお湯をためて5分くらい浸けておきます（一部だけ水に浸けたりすると歪みの原因にもなるので必ず全体にいきわたるように）。

2 ぬめりがふやけてきたら布か柔らかいスポンジを使って、できるだけ木目に沿って洗います。

乾かし方

網の上などで上向きにしてよく乾かします。立てずに底を上に向けて干します。乾くまで1日かかるので、2つを交互に使うなど、連続して使わないようにするのがベスト。

しつこい油汚れがある場合の洗い方

基本の1のあと、薄めた台所用中性洗剤をスポンジにとって洗います。木に洗剤の香りが移ってしまうので香りのない中性洗剤を使いましょう。お湯でよくすすぎ洗いし、熱めのお湯で湯切りしてよく乾かします。ふきんなどで隅まで丁寧に拭きます。

ウレタン塗装や漆塗りの場合

ぬるま湯に浸けて汚れを浮かせ、台所用中性洗剤で柔らかいスポンジを使って洗います。

※塗装のない白木の曲げわっぱは、経年変化が楽しめるのも魅力のひとつです。杉材は柔らかい夏目(木目の白い部分)と固い冬目(木目の茶色い部分)があり、柔らかい夏目から減っていきます。
※詳しいお手入れ方法は購入店やメーカーで確認してください。

3 洗い終わったら全体に80度くらいのお湯をまわしかけます(湯切りという)。これは気化熱で水分が飛んで乾きやすくなるため。

4 水をきり、ふきんなどで水けを拭きとります。

edit!流の裏技お手入れ法

外側のくすみが気になってきたお弁当箱は#240のサンドペーパーで磨き、天然の蜜蝋クリームを塗ってメンテナンスしています。

また、臭いが気になるときや黒ずんできたときは、クエン酸で洗います。クエン酸を溶かした水に少し浸けておくのも効果的。

p.135〜141掲載商品お問い合わせ先

A 栗久
秋田県大館市字中町 38 TEL 0186-42-0514
B 柴田慶信商店
秋田県大館市御成町 2-15-28 TEL 0186-42-6123
C 中川政七商店 渋谷店
東京都渋谷区渋谷 2-24-12
渋谷スクランブルスクエア 11 階 TEL 03-6712-6148

D かまわぬ
東京都渋谷区東 3-12-12 祐ビル 3 階 TEL 03-3797-4788
E 竺仙
東京都中央区日本橋小舟町 2-3 TEL 03-5202-0991
F 日本橋三越本店 本館 4 階 呉服 和雑貨サロン
東京都中央区日本橋室町 1-4-1
TEL 03-3241-3311(大代表)
G シービージャパン
東京都足立区梅島 1-36-9 ☎0120-934-699

Every day "Wappa Bento"

@edit_recipes（エディットレシピ）は Instagram の動画が流行り
だしたころ、仲良しのライター A とグラフィックデザイナー Y が
「こんなの出来たら楽しいよね」「やってみる‼」と、友人の映像作家と
プロカメラマン、お料理担当の宗田悦子とタッグを組み、わっぱ弁当を
中心に楽しい和食を全世界に向けて提案する料理サイト「edit!」を
スタート！ BENTO＆SWEETS の動画を昼 12 時に配信中！！

四季の食材でスピードレシピ

簡単わっぱ弁当

2023 年 2 月 16 日　第 1 刷発行

編者	edit recipes（エディットレシピ）
著者	宗田悦子（そうだえつこ）
写真	手塚 優（てづかまさる）
発行者	鈴木章一
	株式会社 講談社
	〒 112-8001　東京都文京区音羽 2 丁目 12-21
	（販売）03-5395-3606　（業務）03-5395-3615

 KODANSHA

編集	株式会社講談社エディトリアル
	代表 堺公江
	〒 112-0013　東京都文京区音羽 1 丁目 17-18
	護国寺 SIA ビル
	（編集部）03-5319-2171
装丁	岡本佳子 Certo Tokyo
本文デザイン	熊谷圭悟 Certo Tokyo
印刷	株式会社 KPS プロダクツ
製本	株式会社国宝社

© edit recipes, Etsuko Souda, Masaru Tezuka 2023 Printed in Japan
NDC595 143p 21cm
ISBN978-4-06-530758-8

※動画の提供は予告なく終了することがございます。あらかじめご了
承ください。刊行より 2 年ほどの予定です。